São Pedro

Elam de Almeida Pimentel

São Pedro

Para pedir coragem de viver a fé

Novena e ladainha

EDITORA
VOZES

Petrópolis

© 2014, Editora Vozes Ltda.
Rua Frei Luís, 100
25689-900 Petrópolis, RJ
Internet: http://www.vozes.com.br
Brasil

Todos os direitos reservados. Nenhuma parte desta obra poderá ser reproduzida ou transmitida por qualquer forma e/ou quaisquer meios (eletrônico ou mecânico, incluindo fotocópia e gravação) ou arquivada em qualquer sistema ou banco de dados sem permissão escrita da editora.

Diretor editorial
Frei Antônio Moser

Editores
Aline dos Santos Carneiro
José Maria da Silva
Lídio Peretti
Marilac Loraine Oleniki

Secretário executivo
João Batista Kreuch

Editoração: Maria da Conceição B. de Sousa
Diagramação: Sheilandre Desenv. Gráfico
Capa: Omar Santos

ISBN 978-85-326-4796-2

Editado conforme o novo acordo ortográfico.

Este livro foi composto e impresso pela Editora Vozes Ltda.
Rua Frei Luís, 100 – Petrópolis, RJ – Brasil – CEP 25689-900
Caixa Postal 90023 – Tel.: (24) 2233-9000
Fax: (24) 2231-4676

Sumário

1 Apresentação, 7

2 História da vida de São Pedro, 9

3 Novena de São Pedro, 12
   1º dia, 12
   2º dia, 13
   3º dia, 14
   4º dia, 16
   5º dia, 18
   6º dia, 20
   7º dia, 22
   8º dia, 23
   9º dia, 25

4 Orações a São Pedro, 27

5 Ladainha de São Pedro, 30

APRESENTAÇÃO

São Pedro, humilde pescador, também chamado de Simão Pedro, foi um dos escolhidos por Jesus para ser apóstolo e foi o primeiro dos apóstolos a fazer milagres em nome de Jesus.

Evangelizou Roma junto com o Apóstolo Paulo e é considerado pelos católicos como o primeiro papa da Igreja. Foi o anunciador da Boa-nova, tendo tido uma revelação de que deveria pregar também para aqueles que não eram judeus: os gentios. Ele foi o elo de comunhão na Igreja, pois, quando havia conflito em alguma comunidade, sempre era consultado. É o protetor dos pescadores, dos enviuvados e das chaves. Segundo a tradição, é o porteiro do céu. Pode ser invocado também para pedir coragem de viver a fé. É comemorado em 29 de junho.

Este livrinho contém a história sobre a vida do santo, sua novena, orações e ladainha, seguidas de uma oração para o pedido da graça especial, acompanhada de um Pai-nosso, uma Ave-Maria e um Glória-ao-Pai.

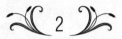

História da vida de São Pedro

Antes de se tornar apóstolo, o nome de Pedro era Simão. Nasceu em um povoado chamado Betsaida, na região da Galileia, às margens do Lago de Genesaré e, mais tarde, ganhou seu sustento como pescador. Era dono de alguns barcos pequenos e, apesar de ter um temperamento autoritário e impulsivo, era muito generoso e franco. Com Simão trabalhavam seu irmão André e os amigos Tiago e João, e todos foram convidados a seguir Jesus.

Um dia André foi ao Rio Jordão, onde um homem chamado João estava batizando as pessoas. Ao voltar para casa André disse aos outros que tinha visto o Messias. Simão, ao saber de Jesus, fez questão de que fossem ao encontro dele. Quando lá chegaram ouviram de Jesus: "Sigam-me e eu farei de vocês pescadores de homens". "Você é Simão, filho de Jonas. Você vai se chamar Pedro". Desde então eles não mais se separaram.

Pedro foi testemunha de todos os atos importantes da vida de Jesus: presenciou o primeiro sinal de milagre durante as Bodas de Caná, quando a água foi transformada em vinho. Testemunhou a transfiguração de Jesus no Monte Tabor e ainda foi um dos responsáveis, ao lado do Apóstolo João, por preparar o cenáculo onde foi realizada a última ceia.

Pedro teve momentos de fraqueza. Quando Jesus foi traído por Judas e preso o apóstolo tentou reagir à prisão de Jesus e cortou a orelha de um soldado com uma espada, sendo repreendido pelo Mestre. Ele também negou conhecer Jesus três vezes, com medo de ser reconhecido e condenado. Apesar disso, ao ressuscitar, Jesus consagrou-o como "pastor de seu rebanho" e lhe deu a missão de difundir no mundo os ensinamentos de Jesus.

Pedro assumiu a liderança e sua primeira missão foi escolher o apóstolo que entraria no lugar de Judas Iscariotes: Matias. Depois de Pentecostes os apóstolos começaram a falar em línguas, saindo cada um para um povoado para levar as mensagens de Jesus. A Pedro veio a revelação de que ele deveria pregar também para os gentios, aqueles que não eram judeus.

Pedro batizava, fazia milagres e sempre era consultado quando havia conflitos em alguma comunidade. Aprisionado duas vezes, segundo a tradição, foi crucificado de cabeça para baixo no ano 64 e enterrado em Roma, onde está a Basílica de São Pedro (construída sobre seu túmulo).

A devoção a São Pedro chegou ao Brasil na primeira metade do século XVII, trazida pelos portugueses, e na Bahia foi construída uma capela para veneração do santo. Pedro foi tão importante para a Igreja que a sua canonização foi automática, pois foi escolhido por Jesus para dar continuidade a sua obra. Alguns o invocam para pedir coragem de viver a fé.

São Pedro é o padroeiro dos pescadores, das viúvas e das chaves, pois se Jesus entregou a ele as chaves do céu, tornou-se automaticamente o protetor delas. São Pedro é festejado em 29 de junho junto com São Paulo.

Iconograficamente São Pedro é representado de diversas maneiras: como papa, sentado no trono, usando a tiara papal; vestido de apóstolo, segurando as chaves do céu; pregado na cruz de cabeça para baixo; ou arrependido, sentado no chão, chorando, com o braço esquerdo segurando a cabeça.

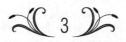

Novena de São Pedro

1º dia

Iniciemos com fé este primeiro dia de nossa novena invocando a presença da Santíssima Trindade: em nome do Pai e do Filho e do Espírito Santo. Amém.

Leitura do Evangelho: Jo 1,40-42

> André, irmão de Simão Pedro, era um dos dois que ouviram as palavras de João e seguiram Jesus. Foi logo encontrar seu irmão, Simão, e lhe disse: "Encontramos o Messias" – que quer dizer Cristo. Ele o levou até Jesus. Jesus fixou o olhar nele e disse: "Tu és Simão, filho de João. Serás chamado Cefas, que quer dizer Pedro.

Reflexão

Pedro foi o nome dado por Jesus a Simão, cujo significado é pedra, rocha. E assim foi escolhido o homem que sucederia Jesus como líder para completar sua missão na terra e foi o primeiro papa da Igreja.

Oração

São Pedro, primeiro discípulo de Jesus, peço vossa intercessão para que apresenteis a Jesus o meu pedido... (pedir a graça desejada).

Pai-nosso.

Ave-Maria.

Glória-ao-Pai.

São Pedro, intercedei por nós.

2º dia

Iniciemos com fé este segundo dia de nossa novena invocando a presença da Santíssima Trindade: em nome do Pai e do Filho e do Espírito Santo. Amém.

Leitura do Evangelho: Jo 6,67-69

Jesus perguntou então aos Doze: "Também vós quereis ir embora?" Simão Pedro respondeu: "Senhor, para que iríamos? Tu tens palavras de vida eterna. Nós acreditamos e sabemos que Tu és o Santo de Deus".

Reflexão

Nestas palavras encontramos a fé de Pedro em Jesus, o amor a Deus acima de todas as coisas. A confiança de Pedro em Deus era total.

Oração

São Pedro, vós que tivestes o coração infundido pela chama da fidelidade a Jesus, concedei-me a graça de que necessito... (falar a graça).

Pai-nosso.

Ave-Maria.

Glória-ao-Pai.

São Pedro, intercedei por nós.

3º dia

Iniciemos com fé este terceiro dia de nossa novena invocando a presença da Santíssima Trindade: em nome do Pai e do Filho e do Espírito Santo. Amém.

Leitura do Evangelho: Lc 22,54-62

Eles prenderam Jesus e o levaram para casa do sumo sacerdote. Pedro o seguia de longe. Acenderam um fogo no meio do pátio e sentaram-se ao redor. Pedro veio sentar-se com eles. Uma criada, vendo-o sentado junto ao fogo, fitou os olhos nele e disse: "Este homem também estava com ele". Mas Pedro negou: "Eu nem o conheço, mulher". Pouco depois, outro o viu e disse: "Tu também és um deles". Pedro respondeu: "Moço, não sou". Passada quase uma hora, outro começou a insistir, dizendo: "De fato, este também estava com ele, pois é galileu". Pedro, porém, disse: "Moço, não sei o que estás dizendo". Nisso, enquanto Pedro ainda falava, o galo cantou. Voltando-se, o Senhor olhou para Pedro, e este se lembrou das palavras de Jesus, quando lhe disse: "Antes que hoje o galo cante, tu me terás negado três vezes". E, saindo, Pedro chorou amargamente.

Reflexão

O Apóstolo Pedro foi testemunha de todos os atos importantes da vida de Jesus e, embora o tivesse traído ao negar que o conhecesse perante os oficiais do sumo sacerdote judeu, após a ressurreição, Jesus apareceu a ele, antes dos outros apóstolos, dando-lhe como missão cuidar de seu rebanho.

Oração

São Pedro, ajudai-me a aprender a perdoar como Jesus vos perdoou. Eu ponho em vossa intercessão toda a minha confiança. Ajudai-me a alcançar a graça de que muito necessito... (dizer a graça desejada).

Pai-nosso.

Ave-Maria.

Glória-ao-Pai.

São Pedro, intercedei por nós.

4º dia

Iniciemos com fé este quarto dia de nossa novena invocando a presença da Santíssima Trindade: em nome do Pai e do Filho e do Espírito Santo. Amém.

Leitura do Evangelho: Jo 21,15-17

Quando acabaram de comer Jesus disse a Simão Pedro: "Simão, filho de João, tu me amas mais do que a estes? Ele respondeu: "Sim, Senhor, Tu sabes que eu te amo". Jesus disse: "Apascenta os meus cordeiros". Jesus perguntou pela segunda vez: "Simão, filho de João, tu me amas?" Pedro respondeu: "Sim, Senhor, Tu sabes que eu te amo". Jesus lhe disse: "Apascenta as minhas ovelhas". Pela terceira vez Jesus perguntou: "Simão, filho de João, tu me amas?" Pedro ficou triste por lhe ter perguntado três vezes "Tu me amas?" e respondeu: "Senhor, Tu sabes tudo, sabes que eu te amo". Disse Jesus: "Apascenta as minhas ovelhas".

Reflexão

Pedro recebeu a responsabilidade de continuar a missão de Jesus transmitindo seus ensinamentos. É designado para exercer a liderança na condução das tarefas cristãs, após a ressurreição de Jesus.

Oração

Glorioso São Pedro, neste momento de desespero, dai-me força. Ajudai-me a alcançar a graça de que necessito... (dizer a graça).

Pai-nosso.

Ave-Maria.

Glória-ao-Pai.

São Pedro, intercedei por nós.

5º dia

Iniciemos com fé este quinto dia de nossa novena invocando a presença da Santíssima Trindade: em nome do Pai e do Filho e do Espírito Santo. Amém.

Leitura do Evangelho: Mt 16,13-19

Chegando à região da Cesareia de Filipe, Jesus perguntou a seus discípulos: "Quem as pessoas dizem que é o Filho do Homem?" Eles responderam: "Alguns dizem que é João Batista; outros, Elias; outros, Jeremias ou um dos profetas. Então Ele perguntou-lhes: "E vós, quem dizeis que eu sou?" Simão Pedro respondeu: "Tu és o Cristo, o Filho de Deus vivo". Em resposta, Jesus disse: "Feliz és tu, Simão filho de Jonas, porque não foi a carne nem o sangue que te revelaram isso, mas o Pai que está no céu. E eu te digo: Tu és Pedro e sobre esta pedra construirei a minha Igreja, e as portas do inferno nunca levarão vantagem sobre ela. Eu te darei as chaves do Reino dos Céus, e tudo o que ligares na terra será ligado nos céus, e tudo que desligares na terra será desligado nos céus".

Reflexão

Pedro professa sua fé em Jesus e este anuncia que Pedro seria a rocha inabalável, o fundamento da Igreja, e teria o poder para dirigi-la.

Oração

São Pedro, chefe de todos nós, ajudai-me a propagar a paz e o amor sempre, com fé e esperança no Senhor. Suplico-vos que intercedais junto a Deus para o alcance da graça de que necessito... (dizer a graça que se deseja).

Pai-nosso.

Ave-Maria.

Glória-ao-Pai.

São Pedro, intercedei por nós.

6º dia

Iniciemos com fé este sexto dia de nossa novena invocando a presença da Santíssima Trindade: em nome do Pai e do Filho e do Espírito Santo. Amém.

Leitura bíblica: At 2,36-39

Todo Israel saiba, portanto, com a maior certeza, que este Jesus, por vós crucificado, Deus o constituiu Senhor e Cristo. Ao ouvirem isso se sentiram tocados no íntimo do coração e perguntaram a Pedro e aos outros apóstolos: "Irmãos, o que devemos fazer?" Pedro respondeu: "Arrependei-vos e cada um de vós seja batizado em nome de Jesus Cristo para o perdão dos pecados, e recebereis o dom do

Espírito Santo. Pois a promessa é para vós, para vossos filhos e para todos os de longe que o Senhor nosso Deus chamar para si".

Reflexão

Pedro, nesta passagem de seu discurso, dá seu testemunho aos israelitas de que Jesus ressuscitado foi constituído por Deus "Senhor e Cristo", podendo nos dar seu perdão e o dom do Espírito Santo. O efeito dessa pregação foi a conversão de três mil pessoas que vieram a formar a comunidade de Jerusalém.

Oração

São Pedro, ajudai-me a dar o testemunho da presença de Jesus em minha vida e me conceda, por meio de vossa misericórdia, a graça que vos peço... (falar a graça desejada).

Pai-nosso.

Ave-Maria.

Glória-ao-Pai.

São Pedro, intercedei por nós.

7º dia

Iniciemos com fé este sétimo dia de nossa novena invocando a presença da Santíssima Trindade: em nome do Pai e do Filho e do Espírito Santo. Amém.

Leitura bíblica: At 3,4-9

> Pedro fixou nele os olhos junto com João e lhe disse: "Olhe para nós". Ele os olhou com atenção, esperando receber alguma coisa. Pedro, porém, disse: "Não tenho nem ouro nem prata, mas o que tenho eu te dou: Em nome de Jesus Cristo Nazareno põe-te a caminhar! E pegando-o pela mão direita o levantou. Imediatamente os pés e os tornozelos dele ficaram firmes. Num salto, pôs-se de pé e começou a andar. Entrou com eles no Templo, caminhando, saltando e louvando a Deus. Todo o povo o viu andar e louvar a Deus.

Reflexão

Esse milagre refere-se à cura de um homem que tinha um problema de nascença e não andava. Era colocado na porta do Templo e pedia esmolas aos que entravam. Com este milagre o Apóstolo Pedro testemunhou, pela segunda vez, o Nome de Jesus perante os judeus, conforme nos diz At 3,16: "Pela fé em seu nome [Jesus] é que este mesmo nome restabeleceu o homem que vedes e conheceis. Foi a fé em Jesus que lhe deu plena saúde na presença de todos vós".

Oração

São Pedro, vinde em meu auxílio para ter uma inabalável fé em Jesus e intercedeis a Deus Pai todo-poderoso no alcance da graça de que tanto necessito... (pedir a graça desejada).

Pai-nosso.

Ave-Maria.

Glória-ao-Pai.

São Pedro, intercedei por nós.

8º dia

Iniciemos com fé este oitavo dia de nossa novena invocando a presença da Santíssima Trindade: em nome do Pai e do Filho e do Espírito Santo. Amém.

Leitura bíblica: At 10,33-35

> [...] Agora reconheço de fato que Deus não faz distinção de pessoas. Ao contrário, quem o teme e pratica a justiça, em qualquer nação, é aceito por Ele [...].

Reflexão

Pedro subiu ao terraço do local onde estava, em Jope, ao meio-dia, para rezar, entrou em êxtase e recebeu um comunicado. Ao ser perguntado pelos homens de Cornélio, comandante em Cesareia (que tinha também recebido um comunicado divino para mandar buscar "um certo Simão, chamado Pedro"), se iria com eles, respondeu afirmativamente. Ao se encontrar com Cornélio, Pedro disse a citação acima e ainda estava falando quando o Espírito Santo desceu sobre todos os que ouviam Pedro. E os fiéis de origem judaica que tinham vindo com Pedro ficaram perplexos porque o dom do Espírito Santo tinha sido derramado sobre os pagãos. Então Pedro disse: "Poderá alguém negar a água de batismo a estes que receberam o Espírito Santo, como nós?"

Oração

Bendito São Pedro, ajudai-me a ter sempre paciência, piedade, para nunca ofender o próximo, perdoando as pessoas quando for necessário. São Pedro, eu vos peço que venha em meu auxílio, ajudando-me a alcançar a graça de que tanto necessito... (pedir a graça desejada).

Pai-nosso.
Ave-Maria.
Glória-ao-Pai.
São Pedro, intercedei por nós.

9º dia

Iniciemos com fé este nono dia de nossa novena invocando a presença da Santíssima Trindade: em nome do Pai e do Filho e do Espírito Santo. Amém.

Leitura bíblica: At 9,31

> A Igreja gozava, então, de paz por toda a Judeia, Galileia e Samaria. Ela crescia, andava no temor do Senhor e, pelo impulso do Espírito Santo, aumentava em número.

Reflexão

Temor a Deus é respeitar o Senhor, é recear ofendê-lo. Quando nos relacionamos bem com os nossos semelhantes nos relacionamos bem com Deus.

Oração

São Pedro, primeiro discípulo de Jesus, ajudai-me a servir a todos, superando todas as ofensas. Vinde em meu socorro, ajudando-me a alcançar a graça de que tanto necessito... (dizer a graça desejada).

Pai-nosso.

Ave-Maria.

Glória-ao-Pai.

São Pedro, intercedei por nós.

4

ORAÇÕES A SÃO PEDRO

Oração 1

Ó São Pedro, pedra viva da Igreja fundada por Jesus Cristo, vós que fostes chamado pelo Senhor para ser pescador de homens e mulheres, vós que dissestes "Senhor, a quem iremos? Pois só tu tens palavras de vida eterna", vinde em meu auxílio com vossa intercessão junto a Deus, dando-me coragem para seguir o vosso exemplo de amor fiel a Cristo e anunciar a Boa-nova na família, na comunidade, no trabalho e em toda parte. Ó São Pedro, vós que fizestes a mais bela declaração de amor, "Senhor, Tu sabes que eu te amo", ensinai-me o caminho da justiça para que eu tenha saúde e paz, e alcance a graça que vos peço (fazer o pedido). Amém.

Oração 2

São Pedro, a vossa fraqueza humana vos levou a negar por três vezes o Bom Mestre, mas as vossas lágrimas de arrependimento vos alcançaram o perdão. Ó grande santo, dai-me a graça de vencer as minhas fraquezas humanas e fazei com que a vossa fé e o vosso amor para com Cristo sejam para mim estímulo que me levem a vos imitar e assim, imitando-vos na fé e no amor a Cristo, tenha a certeza de que, quando eu morrer, vós me haveis de receber de braços abertos na porta do Reino do Céu.

São Pedro, abençoai o papa, protegei toda a Igreja, confirmai os irmãos na fé. Amém.

Oração 3

(Antes de começar a oração coloque na mão direita uma chave de qualquer tamanho ou material e feche a mão. Com a mesma mão que está com a chave faça o sinal da cruz com o dedo indicador, na testa, boca e peito. Ajoelhe-se e faça o sinal da cruz na frente dos pés.)

São Pedro, que recebeste de Jesus Cristo a chave dos segredos do céu e da terra, em teu poderoso nome, santo apóstolo, desejo que o corpo de... (dizer o nome da pessoa) fique protegido sempre de qualquer influência maléfica, conservando seu espírito e corpo sadios.

(Nesse momento percorra todo o corpo com a chave, terminando por apoiá-la sobre o peito.)

São Pedro, protege este corpo para que nele não penetre nenhum tipo de impureza. São Pedro, fecha a porta deste corpo espiritual para que sua alma não tenha interferência de influências malignas. De agora em diante nada poderá prejudicar este corpo, templo bendito do Espírito Santo. Amém.

Reze um Pai-nosso.

Ladainha de São Pedro

Senhor, tende piedade de nós.
Jesus Cristo, tende piedade de nós.
Senhor, tende piedade de nós.

Jesus Cristo, ouvi-nos.
Jesus Cristo, atendei-nos.

Pai Celeste, que sois Deus, tende piedade de nós.
Deus Filho, redentor do mundo, tende piedade de nós.
Deus Espírito Santo, que sois Deus, tende piedade de nós.
Santíssima Trindade, que sois um só Deus, tende piedade de nós.

Santa Maria, rainha dos mártires, rogai por nós.

São Pedro, grande santo, rogai por nós.

São Pedro, escolhido por Jesus, rogai por nós.

São Pedro, apóstolo de Jesus, rogai por nós.

São Pedro, pedra viva da Igreja, rogai por nós.

São Pedro, primeiro papa da Igreja, rogai por nós.

São Pedro, elo da comunhão na Igreja, rogai por nós.

São Pedro, testemunha dos milagres de Jesus, rogai por nós.

São Pedro, pastor do rebanho de Jesus, rogai por nós.

São Pedro, liderança dos apóstolos, rogai por nós.

São Pedro, mensageiro de Jesus, rogai por nós.

São Pedro, padroeiro dos pescadores, rogai por nós.

São Pedro, padroeiro dos viúvos, rogai por nós.

São Pedro, padroeiro das chaves, rogai por nós.

São Pedro, porteiro do céu, rogai por nós.
São Pedro, fiel aos princípios de Deus, rogai por nós.
São Pedro, ministro da Palavra de Deus, rogai por nós.

Cordeiro de Deus, que tirais o pecado do mundo, perdoai-nos, Senhor.
Cordeiro de Deus, que tirais o pecado do mundo, ouvi-nos, Senhor.
Cordeiro de Deus, que tirais o pecado do mundo, tende piedade de nós, Senhor.

Jesus Cristo, ouvi-nos.
Jesus Cristo, atendei-nos.

Rogai por nós, São Pedro,
Para que sejamos dignos das promessas de Cristo.